ABÉCÉDAIRE UTILE,

OU

PETIT TABLEAU DES ARTS ET MÉTIERS,

Ouvrage où les Enfants peuvent, en apprenant à lire, puiser quelques idés de la Société et des Arts;

Vingt-quatrième Edition.

Apprenez à l'Enfant à devenir un Homme.

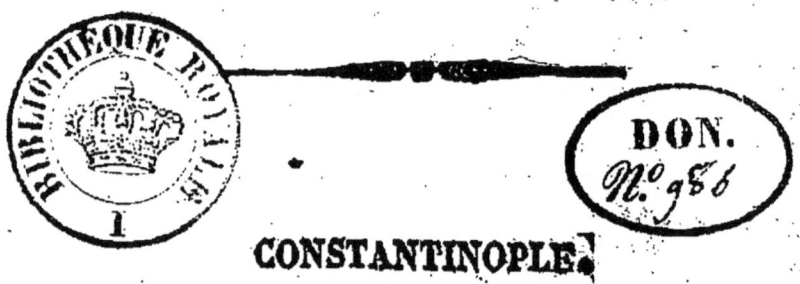

CONSTANTINOPLE.

IMPRIMERIE DE S. BENOIT.

1840.

A	B
C	D
E	F

G	H
IJ	K
L	M

N	O
P	Q
R	S

T	U
V	X
Y	Z

(7)

A B C D
E F G H
I J K L
M N O P
Q R S T
U V X Y Z.

(8)

A B C D

E F G H

I J K L

M N O P

Q R S T

U V X Y Z.

(9)

a   *b*   *c*   *d*

e   *f*   *g*   *h*

i   *j*   *k*   *l*

m   *n*   *o*   *p*

q   *r*   *s*   *t*

u   *v*   *x*   *y*   *z.*

a   e   i   ᵒᵘ y   o   u
ba be bi bo bu
ca ce ci co cu
da de di do du
fa fe fi fo fu
ga ge gi go gu
ha he hi ho hu
ja je ji jo ju
ka ke ki ko ku
la le li lo u

ma	me	mi	mo	mu
na	ne	ni	no	nu
pa	pe	pi	po	pu
qua	que	qui	quo	qu
ra	re	ri	ro	ru
sa	se	si	so	su
ta	te	ti	to	tu
va	ve	vi	vo	vu
xa	xe	xi	xo	xu
za	ze	zi	zo	zu

(Mots à épeler)

Pa pa.
Ma man.
A mi.
Cou sin.
Pom me.
Chat.
Chien.
Rat.
Bal lon.

(13)

Bou le.
Gâ teau.
Pain.
Cou teau.
Four neau.

---

bla, bre, cli, cro, dru,
fla, gre, pli, tro, tru,
ça, gne, phi pho thu

Bla ser.
Bre bis.
Cli mat.

Cro quet.
Dra gon.
Flam me.
Gre lot.
Trom per.
Re çu.
Cher cher.
Mon ta gne.
Phi lo so phe.
Mai son.
Thé.

Lettres accentuées.

　　　　　(aigu)
á è ù　　(graves).
â ê î ô û　(circonflexes)
ï ü　　　(tréma)

â té.
è re.
â tre.
ê me.
aî tre.
pô tre.
é ro ï ne.

Lettres doubles et liées ensembles.

æ	œ	fi	ffi
fl	ffl	ff	w
æ	*œ*	*fi*	*ffi*
fl	*ffl*	*ff*	*w*

OEil
OEuf
Bœuf

(17)

(*Mots plus difficiles, à épeter.*)

In di gna tion.
Pa tience.
In di vi si bi li té.
Or phe lin.
I ne xo ra ble.
S cor pi on.
Z o dia que.
P a trouil le.
I i trouil le.
B ouil li

Vo lail le.
Ail.
Co quil la ge.
Li ma çon.
Cuir.
É pi lep sie.
Fau teuil.
Feuil le.
Ex cel lent.
Phra se.
Prin temps.

(*Phrases à epeler*).

J'ai me mon a pa.

Je se rai bien a ge, et l'on m'ai- e ra bien.

J'i rai me pro- e ner tan tôt, si e temps est beau.

Quand j'au rai ien lu mu leçon, on me donnera des dragées.

FABLE À ÉPELER.
Le Moineau et ses Petits.

Un moi neau a voit placé son nid dans le trou d'un mur. Au cu ne bê te mal fai san te n'y pou voit par ve nir.

Le Moi neau é le voit tran quil le ment sa fa mil le. Il au roit été chers reaux, et si ses petits eussent voulu l'écouter, mais à chaque instant ils venoient sur le bord du nid, le pauvre oiseau trembloit, dans la crainte de les voir tomber.

Il leur disoit de se tenir dans le fond du nid, mais ils ne le vouloient point.

Un jour qu'il étoit

sor ti ils se firent un plai sir de lui dé so bé ir. Ils s'é loi gnè rent plus que les pre miè res fois; ils fu rent si loin, qu'ils tom bè rent par ter re. Ils n'a voient pas en co re, de plu mes aux ai les; ils ne pu rent se sau ver.

A lors ils se re pen ti rent bien de leur im pru den ce; mais ils n'é toit plus temps.

Uu gros Chat qui pas=
soit par là, les vit; il
n'a voit pas dî né, et il
les cro qua sur-le-champ.
C'est ain si qu'ils fu=
rent pu nis de leur dé=
so bé is san ce.

Ce la vous ap prend,
mes en fants, qu'il faut
o bé ír à vos pè res et
mè res.

HISTOIRE

Des Arts et Métiers représentés dans ce Livret.

A Agriculteur.

C'est ainsi que l'on appelle l'homme qui cultive la terre, fait venir le blé et les autres grains qui nous nourrissent.

L'agriculture est le premier des arts, par ce qu'ils est le plus utile. Le premier besoin de l'homme est de se nourrir ; le reste ne vient qu'après ; voilà pourquoi l'agriculture est la base de la société. Respectez donc l'homme qui s'y livre comme étant le plus utile à ses semblables.

Il méritee notre reconnoissance sous un autre rapport encore ; c'est que ses travaux sont pénibles, et qu'ils durent toute l'année. A peine la moisson est elle finie, que l'agriculteur attèle ses bœufs à sa charrue et laboure la terre ; il sème ensuite. Pendant ce temps-là, l'hiver vient ; cette saison ne lui laisse point de repos. Il porte alors du fumier dans les champs où il n'a rien semé. Ce fumier rend à la terre sa force et sa graisse, qu'elle avoit épuisées en produisant.

Au printemps on donne le premier labour, qui enterre le fumier, ou bien on sème les avoines, les orges et plusieurs autres grains. Pendant l'été on ne reste pas davantage oisif.

Enfin vient la moisson: les blés sont jaunis, la paille est sèche, le grain est mûr : c'est alors que commencent les travaux les plus rudes; toute la campagne est en mouvement; on coupe les blés; on fauche les avoines, on les lie en bottes, on les porte dans la grange. Il fait une chaleur excessive; mais les moments sont précieux; il ne faut point les perdre ; et depuis le point de jour jusqu'à la nuit, le moissonneur, courbé vers la terre, répand ses sueurs pour assurer l'existence à ses semblables. Oh! respectez l'homme des champs ; car ses travaux sont aussi durs pour lui que nécssaires à la société.

B boulanger.

Nous venons de nous entretenir de l'homme qui fait venir le blé; nous parlerons dans la suite de celui qui le réduit en farine : disons un mot de celui qui en fait le pain que nous mangeons.

Le boulanger est aussi un homme très-utile : voici comment il fait le pain.

Il a une espèce de coffre qu'on appelle pétrin. C'est dans ce coffre qu'on met la farine, que l'on délaye avec de l'eau, et dont on fait une pâte assez ferme. On a eu soin de délayer en même temps avec cette pâte le levain. Le levain est un morceau de pâte aigri et que l'on conserve depuis quelques jours ; mêlé à la pâte nouvelle, il la fait fermenter, c'est-à-dire gonfler, ce qui la rend plus légère, et donne au pain ces yeux ou trous dont il est rempli. Sans le levain, la pâte resteroit mate, et le pain seroit lourd, dur, et n'auroit point cette saveur qui nous le rend agréable.

Quand la pâte est bien pétrie, on la coupe par morceaux, auxquels on donne la forme que le pain doit avoir ; on met ces morceaux dans des corbeilles, que l'on place dans un endroit un peu chaud pour laisser à la pâte le temps de lever ou de se gonfler, comme nous l'avons dit.

C'est dans cet intervalle que l'on chauffe le four, c'est-à-dire qu'on fait brûler dedans une certaine quantité de bois. Quand il est assez échauffé, on en retire les cendres et les charbons, et l'on y place les morceaux de pâte, qui bientôt prennent une belle couleur dorée et appétissante. La chaleur pénètre sous cette croûte, et le pain cuit sans brûler. Quand il est bien cuit, on le retire avec une pelle de bois, et c'est alors qu'il sert à nos besoins.

C Charron.

Le Charron est l'ouvrier qui fait des charrettes, des chariots, des charrues. Le charpentier travaille, comme lui, le bois, mais d'une autre manière; c'est lui qui fait le comble des maisons, les solives, etc. Le Menuisier met également le bois en œuvre; mais son travail est bien plus délicat, et demande beaucoup plus d'art : il fait les meubles et toutes les boiseries des appartements. Le tourneur a encore une autre partie; il arrondit le bois, fait des chaises, des lits et plusieurs ouvrages de ce genre.

De tous ces ouvriers, le Charron paroît, en quelque sorte, le moins industrieux; mais il n'est pas le moins nécessaire, et tient par conséquent une place distinguée parmi les hommes utiles. Le plus difficile de son travail est de faire une roue : il emploie ordinairement pour cet ouvrage du bois d'orme, par ce qu'il est dur, serré, et ne se fend point. Il fait d'abord plusieurs morceaux qu'il évide un peu avec sa hache et sa plane, ces morceaux se nomment jantes; réunit ensuite tous ces morceaux un peu courbés, et en forme une roue, au moyen de plusieurs rayons qui vont des jantes au moyeu, ou gros morceaux de bois percé et arrondi qui se trouve au milieu.

Sur deux roues il monte une charette; et voilà de quoi rentrer les moisons dans les granges, porter les fruits à la ville, et rendre mille autres services aussi importants. Vous voyez comment les métiers, les plus grossiers en apparence, sont précisément ceux dont il seroit le plus difficile de se passer.

D Distillateur.

C'est le Distillateur qui tire du vin l'eau-de-vie, et qui fait nombre d'autres liqueurs. Il sait aussi exprimer des fleurs leurs odeurs délicieuses; ainsi l'eau de roses, de jasmin ou d'œillet, grâce aux Distillateurs, nous font jouir au cœur de l'hiver des parfums de la rose, du jasmin et de l'œillet.

Lorsque l'on veut avoir la quintessence d'une liqueur, on met cette liqueur sur le feu; et c'est la vapeur ou la fumée humide qui s'en élève, et que l'on conduit dans un autre vase par le moyen d'un tuyau, qui forme cette quintessence. On agit de même pour avoir les odeurs des fleurs.

E Épicier.

L'Épicier est ainsi nommé parce qu'il vend des épices, telles que poivre, gérofle, muscades; il vend aussi des drogues, des aromates, de la canelle, du sucre, des huiles, du vinaigre et nombres d'autres denrées qui entrent dans nos premiers besoins.

Remarquez bien comment, dans la société, l'intérêt des hommes a tout disposé avec un art admirable; les uns fabriquent les marchandises, les autres les vendent, et ainsi chacun est occupé, et trouve à gagner de quoi subsister.

Vous ne vous doutez pas combien il a fallu de peines, de travaux, de voyages et de risques pour approvisionner le magasin seul de l'Épicier qui est au coin de votre rue! Bornons-nous seulement au sucre : il a fallu aller couper en Amérique la canne d'où on le tire. Pour le préparer, on s'est servi des hommes noirs de l'Afrique. Eh! que de sueurs n'ont pas répandues ces infortunés, pour nous procurer quelques minutes de volupté!

F Ferblantier.

Vous connoissez le fer-blanc. C'est une espèce de fer plus doux que l'autre, que l'on aplatit, et qui est à peine plus épais qu'une feuille de papier. L'ouvrier qui le met en œuvre s'appelle Ferblantier; il fait avec ce fer nombre d'ustensiles, surtout de cuisine, tels que des assiettes, des vases, des écumoires, des lèchefrites, des casseroles, etc.

G Gazier.

Qu'il est joli, ce voile transparent ! C'est de la gaze. Comme elle produit un agréable effet lorsqu'elle est placée sur une robe rose ou bleu ! C'est une parure agréable dont les dames savent tirer un grand parti.

Le Gazier fait la gaze à peu près comme le tisserand fait la toile, à la différence qu'il écarte beaucoup plus les fils, et qu'il met dessus un apprêt ou gomme qui les tient à une distance égale, et donne à la gaze un fermeté qui lui est nécessaire.

H Horloger.

Le soleil marque les heures du jour; mais quand il ne brille pas, on ignoreroit l'heure qu'il est, si l'on n'avoit pas trouvé le moyen de les marquer exactement.

Avant que les horloges, les pendules et les montres fussent inventées, on ne connaissoit que les cadrans solaires, les sabliers et les clepsydres, ou horloge d'eau.

Le cadran solaire est trop connu pour en parler.

Le sablier est composé de deux espèces de petites bouteilles réunies par les goulots, ou formées d'une seule pièce. On met une certaine quantité de sable dedans; il passe par le goulot d'une boutelle dans l'autre ; et suivant la quantité de sable, il est une demi-heure ou une heure à couler. Quand il est vide d'un côté, on renverse le sablier, et le sable recommence à couler.

L'horloge d'eau est fait à peu près comme le sablier.

Mais toutes ces inventions étoient loin de valoir nos horloges et nos montres. On peut en voir partout ; et il est bien plus aisé de s'en faire une idée en les voyant, que d'après une description.

Il y a deux sortes d'Horlogers, ceux qui font les roues, les mouvements d'après le plan qu'on leur a donné, et ceux qui inventent ; ces derniers ont besoin d'être instruits, de bien connoître la mécanique, et de savoir un peu de mathématiques et d'astronomie.

I Imprimeur.

L'Imprimerie est l'art conservateur de tous les arts; par elle on peut transmettre à d'autres siècles tout ce qui s'est passé non-seulement dans le nôtre, mais encore tout les procédés que nous employons dans les arts et les métiers qui nous sont connus; par elle on sauve de l'oubli les chefs-d'œuvre de l'esprit humain.

Apprenez bien vite à lire; c'est un des plus grands plaisirs que vous vous procurerez, et vous vous mettrez à même de jouir de tout ce que les hommes ont fait et imaginé de plus beau.

Il nous faudroit un livre entier pour expliquer ce que c'est que l'imprimerie, et comment on est parvenu à l'inventer

Chacune des lettres que vous voyez dans ce livre est imprimée par une lettre qui se trouve en bosse au bout d'un petit morceau composé de plomb et d'étain : c'est ce qu'on appelle caractère : ce morceau de métail est long d'un pouce environ, et large comme la lettre qu'il imprime. Tout ces morceaux, au bout desquels sont des *a*, des *b*, des *c*, sont plus ou moins épais, mais ont tous la même hauteur ; de manière qu'en les mettant les uns auprès des autres pour former d'abord des mots, puis des lignes, et enfin des pages, ils se collent en quelque sorte, et ne font plus de chaque page qu'un bloc, quand on les a bien serrés.

On met les pages à côté les unes des autres, dans un chassis ou cadre de fer; on les y serre si bien, qu'elles ne forment plus qu'une planche, c'est cette espèce de planche qu'on passe sous la presse, qu'on barbouille de noir, et qui imprime sur du papier humide les caractères, les mots, les lignes et les pages qu'on a composés.

Je ne vous donne là qu'une idée superficiel de la manière dont on imprime les livres; mais j'espère que le peu que j'en ai dit vous fera naître le désir de voir une imprimerie, et vous n'aurez pas perdu votre temps.

———

Jardinier.

Quand on est au milieu d'un beau jardin, entouré de fleurs ou de fruits, on seroit tenté de croire que le jardinage n'est qu'un amusement. C'en seroit un en effet si l'on ne cultivoit que des fleurs et si l'on ne cueilloit que des fruits; mais quand il faut labourer, fumer et arroser la terre, le Jardinier qui ne fait que cela du matin au soir, sait seul qu'elles fatigues on éprouve pour parer et féconder un parterre et un potager. Ses travaux sont comme ceux du laboureur, ils durent toute l'année.

Plusieurs grands hommes, revenus

des prestiges de l'ambition, se sont plû à cultiver leurs jardins, mais ils n'en prenoient qu'à leur aise, et c'étoit alors un plaisir délicieux. Heureux qui cultive en paix et sans être commandé, un petit carré de terre, et qui se nourrit des fruits et des légumes qu'il ne doit qu'à ses soins! son repas doit lui être plus agréable que s'il l'avoit payé autrement que par ses peines.

Joueur de Gobelets.

Le Joueur de Gobelets est un homme qui amuse ceux qui sont oisifs, et qui étonne les ignorants.

Placé devant une petite table sur laquelle sont trois gobelets de fer-blanc, une petite baguette à la main, et un tablier à poche devant lui ; c'est ainsi qu'il se présente sur les places publiques. Écoutez-le; il produit des merveilles, et il feroit volontiers croire qu'il est plus qu'un homme.

Toute sa science cependant se réduit à une grande souplesse dans les doigts et dans les mains. Sans que vous vous en aperceviez, il fait passer d'un gobelet à l'autre de petites et de grosses boules : il fait véritablement des choses étonnantes, mais très-naturelles ; et s'il vous montroit son secret, vous cesseriez d'être surpris.

Je profiterai de ce que nous disons, pour vous recommander de ne jamais rien voir que de naturel, dans tout ce qui vous paroîtra même le plus extraordinaire.

« Il y a des hommes qui sont plus adroits ou plus instruits que les autres; mais pas un d'eux ne peut rien faire que ce qui est permis au genre humain en général.

Si l'on vouloit vous faire voir en eux des sorciers, des magiciens, dites aux ignorants qui vous parleroient ainsi, qu'ils sont eux-mêmes de vraies imbéciles. Il n'y a ni sorciers, ni magiciens, ni revenants; tout est naturel.

Le Lunetier.

Vous avez peut-être ri quelquefois en voyant une paire de lunettes placée sur un nez d'une belle taille : remercions cependant celui qui a inventé les lunettes; il nous a rendu un bien grand service.

L'âge et les maladies affoiblissent nos yeux ; et sans lunettes, les vieillards et ceux qui ont la vue foible, seroient obligés de renoncer à mille jouissances : le Lunetier leur donne, en quelque sorte, de nouveaux yeux, et les met à même de jouir de la lecture, de travailler, et de voir encore tout ce qu'ils ont vu dans leur jeunesse.

On a pas seulement imaginé des lunettes pour les vieillards ; on a trouvé le moyen de faire des verres qui grossissent jusqu'à un million de fois les objets ; de manière qu'un cheveu paraît gros comme le bras d'un enfant. Ces instruments s'appellent microscopes.

En plaçant des verres taillés exprès dans un grand tuyau de carton, on a fait des lunettes d'approche, qui font voir les personnes qui sont dans un grand éloignement, aussi distinctement que si elles étoient à côté de nous: on a fait des télescopes avec lesquels on observe les astres, et qui font voir le soleil, la lune et les étoiles sous des formes monstrueuses par leur grosseur.

Voyez combien de choses on doit à l'inventeur des lunettes!

M. Meunier.

J'aime beaucoup à voir un joli moulin bien ombragé par des peupliers, des saules et des aunaies, et placé sur le bord d'une petite rivière. Le bruit des écluses, celui du tac-tac du moulin, mêlé aux cris aigus des canards qui nagent sur les eaux, tout porte à mon me des idées riantes. Je veux m'asseoir à l'ombre sur le bord de la rivière.

Vous voyez cette grande roue, que l'eau fait tourner: eh bien! elle fait tourner d'autres roues qui sont dans le moulin ; ces roues, à leur tour, font tourner la meule, qui est une grande roue de pierre de la forme d'un fromage. Cette meule tourne rapidement sur une autre meule de pierre qui est en repos ; et c'est en tournant ainsi qu'elle écrase et moud le blé.

Le blé écrasé et reduit en farine, tombe dans un grand coffre qui est couvert d'un tamis ou toile de crin ; ce tamis sans cesse agité par le morceau de bois qui fait tac-tac, laisse passer la farine dans le coffre, et rejette le son qui est trop gros, dans un sac disposé pour le recevoir. Telle est à peu près la machine si utile qui fait la farine, que le boulanger convertit en pain.

Le moulin à vent est fait comme le moulin à eau; la différence est qu'il a de grandes ailes, au lieu d'une roue, et que c'est le vent qui les fait tourner.

Il y a aussi des moulins que l'on fait aller par le moyen des hommes ou des chevaux; mais ils donnent beaucoup de fatigue, et font peu de profit.

N Navigateur.

Le Navigateur est celui qui traverse les mers dans un vaisseau, et qui se rend dans les pays étrangers.

Vous savez, sans doute, que la mer est une quantité immense d'eau;

et que lorsqu'on est un peu éloigné du rivage, on ne voit plus que le ciel et les flots : jugez donc combien le premier qui s'avisa de traverser cet élément perfide devoit être audacieux, surtout dans le temps où la navigation était loin d'être aussi perfectionnée qu'elle l'est maintenant.

Un vaisseau est une espèce de bateau aussi grand qu'une maison fort grande et à plusieurs étages. Cet édifice qui doit flotter sur les eaux, et qui peut faire le tour du monde et si compliqué, que je ne puis vous en donner une description. On a bâti dans l'intérieur, des magasins, des chambres, des salles, et dans certains navires on trouve jusqu'à trois étages. Pour remplacer les rames et l'aviron, on a élevé des mât où l'on attache des voiles, le vent enfle ces voiles, et fait ainsi glisser avec rapidité sur la mer le bâtiment entier.

Comme on est exposé à rester fort long-temps dans le voyage, et qu'alors on est séparé du genre humain, il faut nécessairement prendre des précautions : le pain moisiroit ; on emporte du biscuit bien sec; on fait provision d'eau douce, parce que celle de la mer est trop amère pour qu'on en puisse faire usage; la viande fraîche se corromproit, on a en place des barils de viande salée et des légumes secs; enfin, on arme bien le vaisseau pour pouvoir se défendre en cas de besoin. Alors on ne craint plus que les tempêtes, et l'on va visiter de nouveaux climats te de nouveaux peuples.

O Orfèvre.

L'Orfèvre est celui qui fait et vend de l'argenterie, tels que des plats, des couverts et des vases d'argent.

Un bon orfèvre doit non-seulement savoir couler l'or et l'argent; il doit encore savoir le ciseler, le polir, et en faire différents ornements; il doit avoir une partie des connoissances nécessaires à un sculpteur: il faut qu'il sache modeler.

Rien n'est plus brillant que la boutique d'un orfèvre; c'est un amas de richesses; cependant l'orfèvre est loin d'être un homme essentiel à la société; et ce n'est que lorsqu'on a tout ce qui est nécessaire, qu'on s'avise d'aller acheter dans sa boutique.

Le Tailleur et le Cordonnier, bien que dans une situation plus humble, sont plus utiles que lui, parce qu'on se passe fort bien d'argenterie, et qu'on ne peut se passer d'habits ni de souliers.

P Peintre.

Quel art charmant, que celui qui peut fixer sous nos yeux les plus belles scènes de la nature, les actions qui honorent l'umanité, et la figure des personnes que nous chérissons le plus! Quand la peinture ne feroit que nous conserver les traits d'un père et d'une mère respectables, ceux d'un ami, d'un époux, d'un frère ou d'une sœur elle seroit encore au nombre des premiers arts.

Il y a plusieurs sortes de Peintres, mais on ne compte au rang des artistes que les Peintres d'histoires, ou ceux qui s'adonnent à faire revivre, par le tableau de leurs actions, les hommes qui ont joué un rôle sur la scene du monde. Il y a aussi les Peintres de paysage, de portraits et les Peintres en miniature; les autres devroient être nommés barbouilleurs.

Q Quincailler.

Voulez-vous des couteaux, des ciseaux, des crayons, des peignes, des épingles, des aiguilles, et mille autres choses? Allez chez le Quincailler; sa boutique en est fournie. Il réunit chez lui ce que mille ouvriers différents ont fabriqué; son magasin est comme un réservoir où vient couler l'industrie d'une multitude de personnes, et où une foule de marchands viennt puiser.

R Rôtisseur.

Si vous ne voulez pas être tenté de devenir gourmand, ne mettez pas le pied dans la boutique du Rôtisseur.

Figurez-vous plusieurs broches qui tournent devant le foyer, plusieurs casseroles qu'on remue sur les fourneaux; une odeur appétissante s'échappe de tous les côtés; et comment résister?....

La vue est aussi flattée que l'odorat; ici c'est un chapon ou une poularde qui se colore agréablement; là, c'est un bon et gros dindon, ou une file de perdrix armées de bardes de lard; ailleurs, c'est une fricassée qui excite les désirs.

Ah! si vous ne voulez pas devenir gourmand, n'entrez point che le Rôtisseur

---

S Serrurier.

Le métal le plus utile n'est pas l'or, qu'on met au premier rang; c'est le fer. Avec le fer, on fait une charrue, des outils, des vases, des armes; sans le fer, il y a mille choses nécessaires qu'il nous est impossible de faire.

Sans le fer, aurez-vous un couteau, des ciseaux, une faux, une faucille, des clous! Sans le fer, pourrez-vous faire un vaisseau ? Il faudroit donc renoncer à la navigation. Sans le fer, nous serions bien pauvres, et nous ne serions guère moins riches quand nous n'aurions ni or, ni argent.

Les ouvriers qui travaillent le fer sont donc de la première nécessité. Nous ne parlerons ici que du serrurier, qu'on appelle ainsi parce qu'il fait des serrures.

Le serrurier doit être le plus instruit de ceux qui mettent le fer en œuvre ; il faut qu'il soit mécanicien, et qu'il sache dessiner, pour inventer les ressorts qu'on lui demande, et pour donner de la grâce à ses ouvrages. Dans ce cas, il n'est plus un simple ouvrier ; c'est un artiste.

T Tonnelier.

Les traveaux du Tonnelier annoncent les vendanges. Lorsque le raisin commence à mûrir, c'est alors qu'il faut faire ou raccommoder les tonneaux. c'est le temps de l'ouvrage.

Vous avez assez vu de tonneaux pour deviner à peu près comment on les fis Le Tonnelier fait encore des sceaux, des baquets, des cuves, des barils, et des barattes pour battre le beurre.

U Usurier.

Nous allons vous parler d'un vilain homme et d'un vilain métier.

Sans doute, vous ne savez pas ce que c'est qu'un Usurier ? Un Usurier est un homme qui prête son argent à ceux qui en ont besoin, mais qui le prête à condition qu'on lui donnera de forts intérêts, outre la somme qu'il à prêtée.

Il est permis de prêter son argent à un intérêt modéré; dans ce cas, on se rend même utile; mais il n'y a que les avares, les gens sans délicatesse, et disons-le, sans probité, qui profitent du besoin d'un malheureux, et ne lui prêtent une somme d'argent que pour en retirer une beaucoup plus grosse que celle qu'ils lui ont prêtée.

On appelle intérêts, ce qu'on exige pour l'argent qu'on aprêté, et les intérêts se comptent par mois ou par an; c'est-à-dire que si l'on prête cent francs pour une année, on exige pour l'intérêt de son argent, cinq, dix, vingt ou trent francs en sus de la somme, suivant qu'on est plus ou moins avide, plus ou moins honnête homme.

V Vendangeur.

Vive la vendange ! c'est un temps de joie et d'espérance. Dès que le raisin est bien mûr, on se répand dans les vignes, on coupe les grappes, on les met dans un panier qu'on vide dans des hottes; ces hottes sont à leur tour vidées dans la cuve, qui est comme un demi-tonneau extrêmement grand.

Là, on laisse un peu le raisin se presser sous son propre poids, et ensuite des hommes montent dans la cuve et foulent les grappes pour en faire sortir le vin. Il y a au bas de la cuve une cannelle qu'on ouvre; le vin coule, on le egotir et on le met dans les tonneaux, où il fermente, et devient tel que nous buvons.

Le temps des vendanges est comme une fête : il faut entendre pendant le travail les chansons rustiques des vendangeurs et des vendangeuses ! il faut les voir danser gaiement à la fin de la journée ! C'est que le vin inspire la joie ; mais il faut en prendre modérément pour qu'il fasse plaisir et soit bienfaisant.

V Vinaigre.

Voulez-vous du vinaigre ? qui est-ce qui veut du vinaigre ?

C'est ainssi que crie dans les rues le petit marchand de vinaigre, en poussant sa brouette devant lui.

Mais celui qui fait le vinaigre, se tient ordinairement dans une boutique: il vend aussi de la moutarde.

Le mot vinaigre exprime la manière dont il est fait; car si vous en faites deux mots, vous aurez vin aigre; et c'est effectivement en faisant aigrir le vin qu'on produit le vinaigre.

Y Yeux.

Nous avons cinq sens ou cinq manière d'apercevoir, de sentir toute ce qui nous entoure; et les yeux sont les organes d'un de nos sens.

Nous entendons par nos oreilles, nous goûtons avec notre langue, nous flairons avec notre nez, nous touchons avec tout notre corps, mais principalement avec nos mains, et nous voyons avec nos yeux.

Les yeux expriment tout ce qui se passe en nous, nos désirs, nos passion ; et c'est pour cela qu'on les appelle miroirs de l'âme.

Nos yeux sont, sans doute, ce que nous devons soigner avec plus de vigilance car sans leurs secours nous serions bien malheureux.

On nomme le médecin des yeux, Oculiste.

FIN.

www.ingramcontent.com/pod-product-compliance
Lightning Source LLC
LaVergne TN
LVHW021733080426
835510LV00010B/1237